ANIMAUX DE COLLECTION

LE CHAT

PIERRE FAVETON

CH. MASSIN ÉDITEUR

Le chat est né de l'éternuement d'un lion, pendant le déluge. Noé et tous les animaux sont dans l'Arche, dérivant sur les flots, au-dessus des plus hautes montagnes. Les rats infestent le navire. Les autres animaux s'en plaignent. Noé agit et passe sa main sur le front du lion. Le lion s'étrangle et s'exaspère, éternue. Alors soudain s'échappe de sa gueule ouverte un couple de chats, un mâle, une femelle. Ainsi apparaissent les chats sur terre. La légende court dans le monde musulman, en Turquie, en particulier. De cette fable insolite, une expression, elle aussi curieuse, tire sans doute son origine: «avoir un chat dans la gorge». Avatar du lion, le chat en a la grâce, la détente, la sagesse, l'élégance. Il est de la même race: la race des seigneurs, celle des rois.

▲ *Chat de Bali couché en bois sculpté et doré. Coll. Musée du Chat.*

► *Une pose hiératique, un air hautain, quasi royal, ce splendide chat assis, en bronze patiné, a inspiré le sculpteur mosan qui l'a créé, au XVe siècle. Haut de 26,8 cm, ce bronze est une façade de chenet dont le vis-à-vis est sculpté en forme de chien assis. Coll. Martin du Bazine.*

PORTRAITS DE CHATS

«Simplette mets-toi là... ne bouge plus... parfait:
je vais dessiner ton portrait.

un petit rond d'abord; un O c'est plus correct,
et, d'un coup de plume direct,
je déforme au milieu la lettre X, et qui seule
fera ton nez, tes yeux et ta petite gueule.

c'est déjà bien ainsi; mais chose sans pareille,
cric-crac, avec deux V, je plante tes oreilles.
pour achever le corps, tout autour je refais
un deuxième O plus grand — et je suis sûr du succès —
plus trois autres petits qui formeront les pattes
et ta superbe queue de chatte...

regarde! Est-ce bien toi ces jolis petits ronds?
ta surprise vraiment, me trouble et me déroute:
mais tu te reconnais sans doute
puisque tu leur fais ronron...»

Avec quatre coups de crayon gras et quelques phrases simples, avec les mots de tous les jours qui sont aussi les mots de l'amour, Jacques Nam, peintre et dessinateur, poète et sculpteur, Jacques Nam, ami de Colette dont il illustre les *Dialogues de bêtes*, amoureux, comme elle, des chattes et des chats, Jacques Nam dresse le portrait du chat. Un portrait de quatre sous, un portrait pas très sérieux. Mais est-on vraiment sérieux quand on est amoureux?

C'est une manière de voir le chat, une manière comme une autre, mais ce n'est pas là le portrait officiel. Le portrait officiel du chat est plus digne, le portrait officiel du chat commence comme ça:

«Chat, n.m. (bas lat. cattus). Petit mammifère carnassier, domestique ou commensal de l'homme, chasseur nocturne, utile contre les souris.» Sous son portrait officiel, le chat a, inscrit, son nom officiel: Felis Catus, un nom que lui a donné Linné en 1758.

D'autres portraitistes le perçoivent plus en détail et l'étudient de A à Z. Ils lui décrivent alors les os épais et forts, les muscles vigoureux, à la détente rapide et puissante, l'échine comme un arc souple et la tête large avec la face brève. Ils n'hésitent pas non plus à parler de ses pattes, pardon, de ses mains et de ses pieds pourvus de griffes pointues et rétractiles, relevées en temps ordinaire, notamment pendant la marche.

▲ *Hiératique, énigmatique, chat assis en bronze d'une facture magnifiquement épurée. Signé Jacques Nam (Jacques Lehmann dit Jacques Nam, 1881-1974). Coll. Jacques Janisson.*

▲ *Chat persan en labradorite, pierre dure à reflets bleutés. Création contemporaine de Fabergé. Paris. Coll. part.*

Ces mêmes portraitistes remarquent qu'à la différence du chien, il n'y a, en définitive, qu'assez peu de races de chats. Et d'énumérer les birmans, qui ne sont pas de Birmanie, les chartreux, qui n'ont jamais été au couvent, les abyssins, qui n'ont jamais vu l'Egypte, les persans, que l'on surnomme les «princes des chats», ou enfin les siamois, qui, eux, seraient bien, effectivement, originaires du Siam.
Tous ces chats sont splendides et dignes de figurer dans les expositions officielles de chats. Et d'ailleurs, ils y figurent. Et puis, certains portraitistes plus attentifs se demandent d'où peut bien venir le chat domestique que nous connaissons bien. D'Egypte, répondent certains, d'Egypte, puisque les chats momifiés retrouvés auraient un volume crânien intermédiaire entre le volume du chat sauvage et celui du chat domestique actuel. Du hasard, répondent d'autres, les plus nombreux. Du hasard de la rencontre de trois races morphologiquement proches, appartenant à trois espèces voisines, les Felis Sylvestris. C'est alors que le chat miaula, réclamant son lait. Interrompant les discussions des différents portraitistes, le poète se leva et servit le chat. Les poètes ont toujours raison!

► *Chat siamois en cristal coloré, création de Claude Lhoste pour Daum. France, 1973.*

▲ *Statuette de la déesse Bastet assise, portant un collier d'or auquel est suspendu un œil Oudjat. Les yeux sont incrustés d'or et de fragments de scarabée. Un scarabée d'émail turquoise est encastré entre les deux oreilles. Egypte, basse époque. Coll. Musée du Louvre.*

LE CHAT, DIEU D'ÉGYPTE

Un chat, en Egypte, a le rang d'un dieu. Non, pas un chat, une chatte plutôt, Bastet, que l'on honore plus particulièrement à Bubastis, une ville du delta.

A la basse époque, le morcellement des pouvoirs politiques ayant en effet entraîné un retour à la religion locale, les souverains de la XXIIe dynastie, fixés à Bubastis, élèvent la déesse Bastet au premier rang de leur culte. Un temple lui est édifié, un temple où les prêtres entretiennent une armée de chats sacrés.

De ce culte restent d'assez nombreuses statuettes dédiées à la déesse et la conviction, perpétuée par la suite, que les chats égyptiens furent les plus heureux chats du globe.

Rédigeant l'article sur le chat dans la mythologie, les Encyclopédistes, avec Diderot, reprennent les textes d'Hérodote racontant que l'on punissait de mort quiconque provoquait, volontairement ou par accident, la mort d'un chat et que, si l'un d'eux mourait de mort naturelle, toute la maisonnée, en signe de deuil, se rasait les sourcils.

Morts, les chats étaient embaumés et enterrés et l'on a retrouvé, près de Memphis, des cimetières de chats rassemblant plus de 200 000 momies.

Enigmatique, le chat trouble par son regard à la fois étrange, mystérieux et profond. On le nomme d'ailleurs «mau», ce qui n'a, à première vue, rien d'étonnant, puisqu'on retrouve dans cette appellation l'onomatopée traditionnelle du miaulement.

Mais «mau» a, en réalité, un deuxième sens, «mau» signifie également «regard», et cette association entre le chat et le regard est, elle, tout à fait intéressante.
Déesse à tête de chat, Bastet veille. C'est elle qui est chargée, la nuit, de protéger le soleil endormi d'Apopis, le serpent nocturne ennemi du dieu solaire. Bastet est d'ailleurs souvent représentée avec un couteau entre les pattes, le couteau dont elle s'est servi pour trancher la tête du serpent. Une autre légende veut que ce soit le fils même de Bastet, le lion au regard farouche, qui se soit associé à Râ pour lutter contre le serpent.
L'histoire de Bastet est en effet bien floue et sa personnalité est difficile à cerner. Il semble néanmoins qu'elle soit associée à la légende de la Déesse lointaine, une légende célèbre à la basse époque dont on trouve des traces sur les papyrus. Cette déesse lionne, en colère contre Râ, se serait éloignée et aurait alors quitté l'Egypte. Pour la faire revenir, Râ aurait pris la forme d'un singe et lui aurait tenu de grands discours propres à l'amadouer.
De retour en Egypte, la déesse aurait refroidi son ardeur dans les eaux de l'Abalon et serait devenue alors l'aimable déesse chatte de Bubastis, Bastet. Bastet serait l'un des aspects d'une déesse polymorphe prenant tantôt les traits de Sekhmet, la déesse des carnages, tantôt ceux, souriants et aimables, que nous connaissons à la déesse chatte.
Séduisant et mystérieux comme un sphinx, le chat, vénéré en Egypte, l'est aussi pour les immenses services rendus, préservant des souris et des rats les immenses greniers du royaume. Connu du monde méditerranéen, ce chat domestique, l'un des premiers sans doute, fut tant envié et convoité qu'on en interdit l'exportation et qu'une loi défendait expressément de laisser un chat quitter le royaume. Une véritable contrebande s'ensuivit, durement réprimée.

◄ *La déesse Bastet, assise, en bronze. Egypte, basse époque. Coll. Musée du Louvre. © «Cliché Musées Nationaux».*

▲ *Bastet, petite statuette en bronze. Egypte, époque saïte. Coll. part.*

Femme à tête de chat. Figurine de bronze représentant la déesse Bastet, dite l'Ethiopienne. Egypte, basse époque. Coll. Musée du Louvre. © «Cliché Musées Nationaux».

▲ *Inspiré des chats égyptiens, chat en quartz sur socle de lapis-lazuli agrémenté d'une cordelette d'or. Yeux en saphir. Création contemporaine de Fabergé. Paris. Coll. part.*

◄ *Une allure fière, un dessin strict et des volumes puissamment exprimés qui ne sont pas sans rappeler les fameux chats égyptiens à la pose hiératique. Ce chat de porcelaine a été sculpté par les jumeaux Jan et Joël Martel, sculpteurs, amis de l'architecte Mallet Stevens et membres de l'U.A.M. (Union des Artistes Modernes) au début des années 30. France, Manufacture de Sèvres. Coll. Danenberg.*

HEURS ET MALHEURS DU CHAT

Si le chat déteste la pluie, c'est que Noé l'avait relégué, dans l'Arche, sur le tillac de son navire pour le punir d'avoir abîmé le pont en y faisant sans cesse ses griffes.

Animal mystérieux, le chat fut en effet doté, dans la croyance populaire, d'une symbolique riche et variée qui sous-tend parfois des superstitions contradictoires. Ainsi le chat noir fut-il, tour à tour, selon les époques ou les régions, porte-bonheur (encore faut-il qu'il soit totalement noir et qu'aucun poil blanc ne se soit glissé malencontreusement dans sa fourrure!) ou vecteur de mauvais présages. Il ne laisse alors augurer rien de bon lorsqu'on le croise, tôt le matin, sur son chemin. Mais qu'importe, puisque la nuit, chacun le sait, tous les chats sont gris!

En vérité le chat, dans la civilisation chrétienne, n'a pas eu, pendant longtemps, très bonne réputation. On lui reproche sa douceur et ses chatteries. Son charme et ses manières n'inspirent rien qui vaille et l'on y voit volontiers quelques manifestations du diable. D'ailleurs, c'est bien connu, un poil du diable se glisse toujours sous la queue des chats!

Dans l'esprit des gnostiques, au XVIe siècle, le chat a partie liée avec la féminité. Car la femme, en ces temps, n'a pas, non plus, bonne réputation. On s'est même demandé, quelques siècles plus tôt, si elle avait une âme. Tout bonnement! Mais, avec ou sans âme, elle reste longtemps synonyme de péché. Eve avait fait du beau travail!

▲ *Paire de chats en faïence du Staffordshire, dite aussi Jersey; hauteur 8 cm. Angleterre, fin du XIXe siècle. Les paires de chiens, plus courantes que celles de chats, étaient offertes souvent lors des mariages en symbole de fidélité. Avec les chats, l'histoire est tout autre, et ces mignons félins seraient plutôt les entremetteurs involontaires d'aventures extraconjugales. Lorsqu'une femme, dans sa maison, pouvait recevoir son amant, elle tournait les chats vers la fenêtre, les faisant regarder dehors, alors qu'ils étaient tournés vers l'intérieur quand le mari était là! Coll. Robert Capia.*

Or, le chat est au chien ce que la femme est à l'homme. Alors que le chien symbolise la fidélité et la droiture, le chat incarnerait plutôt la ruse, voire la fourberie. On lui reproche, en plus, d'être, comme la femme, d'une douceur voluptueuse et d'avoir comme elle une fourrure réputée aphrodisiaque. De plus, tout comme la femme, le chat a, sous la patte de velours, des griffes toujours prêtes à jaillir. Tout cela, on le voit, n'est réellement tendre ni avec les femmes, ni avec les chats. Les temps étaient, il faut le dire, quelque peu misogynes. C'est le moins.
Bref, le chat, pour ne pas dire la chatte qui, dans le langage familier d'aujourd'hui, désigne toujours le sexe de la femme, le chat, donc, reste classiquement symbole du sexe féminin.
Et nos jolies chansons enfantines s'en souviennent parfois, en quelques allusions très peu enfantines:

«Mon père m'a donné un mari,
Mon Dieu quel homme, quel petit homme!
Mon père m'a donné un mari,
Mon Dieu quel homme, qu'il est petit!

Le chat l'a pris pour une souris...»

Mais ce chat, croqueur de souris, n'a rien d'un félin quadrupède!
En associant la femme désirée et le chat domestique, Baudelaire perpétue, en quelque sorte, la même idée. Dans un poème sobrement intitulé «Le chat», paru dans *Les Fleurs du mal* (1857) et que tous les amoureux des chats connaissent, il décrit, à première vue, les charmes d'un chat, un chat domestique, le chat de céans. Un chat à la grâce envoûtante. Or, cultivant l'ambiguïté, le poème ne ferait en réalité allusion qu'aux charmes inaccessibles d'une femme, Apollonie Sabatier, «Madame la Présidente».
Joliment écrite à mots couverts, la description du chat est néanmoins tout à fait aimable, superbement allusive; elle n'en

▼ *Paire de grands chats en faïence noire de Bursleim, yeux de sulfure; hauteur: env. 30 cm. Angleterre, époque victorienne. Au XIXe, le chat noir connaît à nouveau une période faste et n'est plus suspect de sorcellerie comme il l'avait été pendant quelques siècles auparavant. Coll. Joël Guy.*

▶ *Chat publicitaire pour les «Black cat», une marque de cigarettes anglaises qui devint, dans les années 20, l'une des plus populaires. Le chat noir ne leur a pas porté malheur! Vers 1920-1930. Coll. Musée du Chat*

a que plus de saveur lorsqu'on sait que d'autres charmes, auxquels les chats sont souvent associés, y étaient évoqués:

«De sa fourrure blonde et brune
Sort un parfum si doux, qu'un soir
J'en fus embaumé, pour l'avoir
Caressée une fois, rien qu'une.

C'est l'esprit familier du lieu;
Il juge, il préside, il inspire
Toutes choses dans son empire;
Peut-être est-il fée, est-il dieu?

Quand mes yeux, vers ce chat que j'aime
Tirés comme par un aimant,
Se retournent docilement
Et que je regarde en moi-même,

Je vois avec étonnement
Le feu de ses prunelles pâles,
Clairs fanaux, vivantes opales,
Qui me contemplent fixement.»

Mais retournons à nos chats noirs, en des temps plus reculés. S'il sert de mascotte à Charles Ier, roi d'Angleterre, c'est bien une exception. Le monarque, né en Ecosse en 1600, très impopulaire, est soi-disant protégé par un chat noir qu'il a recueilli. Le fait est troublant: le lendemain de la mort du chat, le roi est arrêté, emprisonné, exécuté. Nous sommes à Londres, en 1649. Ce chat royal doit être le seul à avoir eu quelques égards. Partout ailleurs le chat n'a pas cette chance et n'est pas considéré comme un fétiche bénéfique. Bien au contraire. On l'accuse en effet de tous les maux, en particulier d'avoir partie liée avec la sorcellerie. D'ailleurs les sorcières, dans la croyance populaire, se transforment toujours en chattes pour perpétuer leurs horreurs. Le chat est alors assimilé très vite à ces pratiques occultes et toute femme possédant un chat est bientôt regardée de travers.

Réputés compagnons habituels des sabbats (en Picardie, les lieux de sabbats se nomment les «Fosses à cats»), les chats passent, durant les XVe, XVIe et XVIIe siècles, de mauvais quarts d'heure. La renaissance du culte de Freya, dans l'Allemagne du XVe siècle, en est peut-être la cause. Freya, déesse nordique, sans doute héritière de Bast, déesse de l'Amour et de la Fécondité en Egypte, Freya était représentée avec un attelage de chats tirant son char. Au culte de Freya furent donc mêlés des milliers de chats que les adoratrices chassaient pour les faire participer à leurs rites orgiaques.

Ces cérémonies furent sans doute à l'origine des traditions des sabbats dont les chats furent, en quelque sorte, les victimes. En 1484, un édit du pape Innocent VIII, pour mettre fin à ce renouveau païen, ordonnait d'arrêter et de brûler tous les adorateurs de Freya. Le sort des chats fut alors lié à celui de ces prétendues sorcières. Et ce furent des débauches d'horreur dont les chats firent les frais. Battus, torturés, brûlés, emmurés vivants, les chats ont désormais tout à redouter des fêtes villageoises.

Accusés de se rendre à de gigantesques sabbats, ils se font immoler par milliers lors des fêtes de la Saint-Jean. A Paris même, le soir du solstice d'été, on dresse des bûchers un peu partout, et en particulier Place de Grève. Un arbre y est dressé, hérissé de menus fagots et orné de guirlandes de fleurs. A sa base s'entassent bottes de paille et gros bois. Le soir venu, dans la liesse populaire un officiant hisse au sommet de l'arbre un panier empli de deux douzaines de chats. On présente alors une torche enflammée à Sa Majesté le Roi qui allume lui-même le feu de joie. Cette scène se répétait sans doute, un peu partout en France, avec peut-être un peu moins d'apparat, mais avec autant de joie. Les pauvres chats qui y grillaient vifs étaient censés conjurer le mauvais sort et expiaient pour d'autres.

Ailleurs, d'autres réjouissances se terminaient, aussi, par le massacre de chats. Ainsi, dans le comté du Forez, et en particulier à Saint-Chamond, petite ville de la vallée du Gier, les Mardis gras, veille du carême, étaient-ils célébrés par des feux de joie, les «caramentrans» (carême entrant). Le soir de ce jour, on mettait à sac toutes les charbonnières du pays (c'est

▶ *«Maneki Neko», le chat japonais qui, la patte levée, porte bonheur. On plaçait son effigie à l'entrée des greniers et des maisons. C'est la représentation bénéfique du chat. Coll. part.*

une région de mines) et l'on dressait de grands bûchers que l'on enflammait le soir venu. On y jetait un chat, dans une cage ou un panier, un chat chargé de tous les maux de la ville. S'échappant souvent des flammes, le poil roussi, le chat bondissait dans les rues avoisinantes, pourchassé par la foule lui courant aux trousses. De cette habitude vint le surnom les «couramiauds» (courre à miaou) donné encore aujourd'hui aux Saint-Chamonais.

Apparemment en vigueur jusqu'au XVIIIe siècle, ces pratiques ont disparu au siècle suivant. Le chat a alors cessé d'être considéré comme un suppôt de Satan et est devenu le petit animal domestique, adulé et choyé, qu'il est encore aujourd'hui.

De nombreux bibelots du XIXe siècle témoignent encore aujourd'hui de l'amour que l'on porte désormais aux chats et aux chatons que l'on s'ingénie à représenter dans des attitudes câlines ou espiègles. L'engouement aujourd'hui n'a pas cessé, loin de là, le chat a des admirateurs qui lui sont entièrement dévoués et si l'on brûle encore un chat, à Saint-Chamond, à l'issue d'une fête devenue touristique, il est, rassurons-nous, en carton!

▲ *Chat à sa toilette en grès à émail lustré, signé A. Cythère à Rambervillers (Vosges), vers 1900. Coll. Musée du Chat.*

LA PATTE DU CHAT

«Le soir, comme ils rentraient des champs, les parents trouvèrent le chat sur la margelle du puits où il était occupé à faire sa toilette.

— Allons, dirent-ils, voilà le chat qui passe sa patte par-dessus son oreille. Il va encore pleuvoir demain.

En effet, le lendemain, la pluie tomba toute la journée. Il ne fallait pas penser à aller aux champs.»

«La Patte du chat» est un joli conte de Marcel Aymé, un des *Contes rouges du chat perché*, où Delphine et Marinette, les deux adorables petites héroïnes, toujours aux prises avec leurs parents, un peu grincheux, s'entourent des conseils de tous les animaux de la ferme.

▲ *«La toilette du chat», bronze de E. Frémiet, deuxième moitié du XIXe siècle. Coll. Galerie «Au chat dormant».*

La patte du chat c'est aussi l'objet d'une croyance. Car le chat est aussi annonciateur des variations météorologiques. Qu'il éternue trois fois de suite, et toute la maisonnée s'enrhume. Si le chat tourne le dos au feu, un naufrage est à craindre et si son poil roussit, c'est encore plus grave : il y aura de nombreux noyés. Les marins, dans l'ensemble, sont très attentifs aux comportements des chats et ne partent pas en mer quand le chat fait la toilette de son visage : une tempête pourrait se lever. Si le chat ronronne, le temps va tourner alors que s'il miaule violemment, il peut intercéder auprès des dieux. C'est en tout cas ce que croient les Cambodgiens. Au Cambodge en effet, on transporte un chat de maison en maison pour obtenir la pluie. Chaque villageois arrose le chat d'un peu d'eau, et comme l'on connaît l'amour très relatif que les chats portent à l'eau, on imagine volontiers les miaulements éperdus qu'ils sont capables d'émettre. Ce sont ces cris qui émeuvent Indra, le dieu dispensateur de la pluie bienfaisante.

UN CHAT CONTÉ, BOTTÉ DE SURCROÎT

«Un meunier ne laissa pour tous biens, à trois enfants qu'il avait, que son moulin, son âne, et son chat. Les partages furent bientôt faits, ni le notaire, ni le procureur n'y furent point appelés. Ils auraient bientôt mangé tout le pauvre patrimoine.
L'aîné eut le moulin, le second eut l'âne, et le plus jeune n'eut que le chat.»

Ainsi débute le conte de Perrault: «Le Chat botté». On connaît la suite et la destinée d'exception que ce chat rusé offre à son maître, le fameux Marquis de Carabas.

◄ *«Le Chat botté», illustré par Gustave Doré, un des contes de Perrault édité par Hetzel en 1862 et réédité par la suite plusieurs fois. La présente édition date de 1880. Coll. Henri Picard, Libraire-Expert.*

► *Aimable Chat botté en bronze doré et bronze argenté. Il tient une longue canne au bout de laquelle un rat est suspendu. La hotte sert de vide-poches. Signé A. Dion. Auguste-Louis Dion, sculpteur animalier, est né à Paris en 1827. Haut. : 20 cm environ. Coll. Robert Capia.*

Né à Paris le 12 janvier 1628, d'une famille de sept enfants dont il est le cadet, comme le Petit Poucet, Charles Perrault connaît, comme ses frères et plus encore sans doute, une destinée enviable. Plusieurs d'entre eux, en effet, entrent dans l'Histoire. Pierre, receveur général des Finances, Nicolas, théologien et mathématicien, et surtout Claude, médecin, architecte, membre de l'Académie des Sciences, qui fait partie d'une commission chargée de l'achèvement et de l'embellissement du Louvre et à qui l'on attribue, peut-être à tort, la fameuse colonnade. Charles, donc, le plus célèbre de la lignée des Perrault, fils d'un avocat au Parlement, exerce d'abord la même charge que son père. Il devient ensuite commis de Colbert, puis contrôleur général de la Surintendance des Bâtiments du Roi. En 1671, il entre à l'Académie française où il est, apparemment, plus particulièrement chargé de la propagande royale, clef de voûte du système.
C'est lors d'une des séances de cette noble assemblée qu'il donne lecture, le 27 janvier 1687, d'un poème intitulé «Le siècle de Louis le Grand». Il y fait l'apologie des auteurs contemporains, aux dépens des anciens.

▲ *Deux marionnettes du Chat botté en carton-pâte, début XXe. Coll. «Les Trois cocardes».*

Il vient de relancer la vieille «Querelle des Anciens et des Modernes», cette fameuse querelle, présente dans nos mémoires de lycéens, dont le nom sonne encore aux oreilles, mais qui, je le crains, n'y a guère plus de consistance que le traité de Westphalie, la *Satire Ménippée* ou les Lois de Kepler.

Entraîné dans cette longue polémique, il publie ensuite, entre 1688 et 1696, les quatre volumes de *Parallèles* où il met, justement, «en parallèle» les Anciens et les Modernes, dans un premier essai de littérature comparée.

Mais revenons au Chat Botté.

Dans une très intéressante étude, Denise Escarpit en analyse genèse et destinée.

Les Contes de Perrault, c'est vrai, ne sont pas nés comme ça, par hasard, et leur renommée n'est pas fortuite.

En effet, à la fin du XVIIe siècle, à partir de 1685, le conte de fées est en vogue dans les salons. Il fait suite à une longue tradition où ces petites histoires, souvent destinées à un public enfantin, se transmettent de bouche à oreille, de génération en génération. Mais, en cette fin du XVIIe siècle, sous le règne du Roi-Soleil, le conte connaît une nouvelle faveur, une nouvelle

▼ *«Chat botté», jeu de passe-boules en carton-pâte, jeu de jardin en faveur à la fin du siècle dernier. Coll. Musée du Chat.*

destinée et fait désormais l'objet de publications. Le coup d'envoi est donné par la parution, en 1691, de la *Relation du voyage en Espagne* de Mme d'Aulnoy. Elle y raconte, entre autres, l'histoire de Mira et de la fée Mélusine. C'est une première approche, à l'issue de laquelle Mme d'Aulnoy fait du Conte un genre littéraire. Elle publie ensuite, en 1696 et 1699, plusieurs autres recueils dont «L'Oiseau bleu» et «La Belle aux cheveux d'or», ses textes les plus célèbres, font partie. Le succès est immédiat.

En 1691, Charles Perrault donne lecture devant l'Académie, d'un conte en vers, «Grisélidis», sans doute inspiré de Boccace. Il y obtient quelques lauriers. Deux ans après, en 1693, il publie, anonymement, un autre conte en vers; «Les Souhaits ridicules». A ces deux contes il ajoute «Peau d'âne», également en vers, et les réunit, en 1694, dans un même recueil que, cette fois, il signe.

En 1695, Pierre Perrault, le fils de Charles, dédie à Mademoiselle, petite-nièce du Roi, le manuscrit des *Contes de ma mère l'Oye* qui rassemble cinq contes: «La Belle au bois dormant», «Le Petit Chaperon rouge», «La Barbe-Bleue», «Les Fées», «Le Maître chat, ou le Chat botté».

En 1697 enfin, paraissent chez Barbin sous le nom de Pierre Perrault, «Fils de M. Perrault de l'Académie françoise», *Histoires ou contes du temps passé, avec des moralitez*. Cette édition reprend les cinq contes de 1695 auxquels sont ajoutés «Cendrillon ou la pantoufle de verre» (et non, semble-t-il, «de vair», comme on l'a affirmé au XIXe siècle), «Riquet à la houppe» et «Le Petit Poucet». La préface précise qu'il s'agit d'une compilation de «bagatelles» qui se racontent «dans les cabanes et dans les chaumières».

L'accueil est néanmoins très favorable. Trois rééditions ont lieu du vivant de Perrault qui meurt en 1703.

Plus ou moins issu de la tradition, «Le Chat botté» a, en fait, quelques ancêtres. Deux écrits italiens semblent avoir servi de modèle à Perrault. L'un, nommé «Constantin le Fortuné» (ou, parfois, «La Chatte blanche»), est extrait des *Facétieuses nuits* («Piacevoli Notti»). Ce recueil de Giovanni Francesco Straparola a été traduit en français dès le milieu du XVIe siècle. La concordance est en effet étonnante, tant pour l'histoire (ce Constantin hérite lui aussi d'une chatte qui lui assure bonne fortune) que pour la structure même du récit dont les épisodes sont repris pas à pas par Perrault. L'autre, plus contesté, serait la «Cagliuso» de Basil, écrit en napolitain mais dont il n'est pas sûr que Perrault ait pu avoir connaissance.

Célèbre dès sa publication, «Le Chat botté», ainsi que les autres contes, connaît une fortune encore plus extraordinaire au XIXe siècle, en particulier après la loi de Guizot sur l'instruction primaire (1833). De nombreuses éditions illustrées en paraissent pour les plus jeunes et Perrault est bien vite apparu comme le père de la littérature enfantine.

▲ *«Le Chat botté», jouet mécanique, en tôle imprimée. Bottes en plastique. Marque Joustra, France, 1950. Coll. Musée du Chat.*

▼ *Cirant lui-même ses bottes, ce «Chat botté» est en bronze de Vienne peint. Production de la firme Fritz Bermann, il est toujours fabriqué. Coll. part.*

BANDES DES CINÉS, BANDES DESSINÉES

En 1919, les écrans américains connaissent une nouvelle vedette. C'est un chat. Il s'appelle Felix. Felix the Cat vient d'être créé par Pat Sullivan, un grand gaillard né en Australie en 1887, qui émigre vite en Angleterre, puis aux USA où il se fixe. Felix a d'abord les honneurs de la pellicule: c'est un héros de dessins animés, mais, quelques années plus tard, il se retrouve en bandes dessinées... et ses aventures séduisent les jeunes Américains. Le succès est si grand que ce chat noir, sans doute le plus célèbre de la bande dessinée, d'abord vagabond, moqueur, agressif, puis s'assagissant avec le temps, le succès est si grand donc que Felix the Cat franchit bientôt l'Atlantique et devient, en France, pendant les années vingt, Félix le Chat. Dès 1927, un an avant Mickey, Felix, revenu sur les écrans, y acquiert la parole. Le cinéma parlant vient de naître.
Pat Sullivan disparu (il meurt en 1933), Otto Messmer prend la succession et préside aux destinées de Felix de 1935 à 1955.
Durant cet entre-deux-guerres la renommée de Felix est grande, si grande qu'elle porte ombrage à un autre chat de BD, une chatte, pour être plus précis: Krazy Kat. Krazy Kat est pourtant née quelques années avant Félix. Sa première aventure date en effet de 1913. George Herriman (1880-1944) en est l'auteur. Krazy Kat a une vie sentimentale complexe, parfois presque surréelle: alors que le chien Offisa Pupp en est amoureux, la chatte Krazy aime, quant à elle, Ignatz Mouse, une souris ingrate qui ne répond guère à ce sentiment et finit toujours par lui envoyer méchamment quelques briques dans la figure. De ce trio, le cinéma aussi s'empare et Krazy Kat devient héroïne de dessins animés dès 1916.
Quelques années plus tard, en 1940, nouveau coup de théâtre, les cinéphiles de tout poil découvrent Tom. Tom est un chat, toujours flanqué d'une souris aussi chipie que charmeuse, Jerry. Ils apparaissent ensemble lors d'un premier film, un dessin animé, «Puss Gets the Boots»... Deux jeunes gens, William Hanna et Joseph Barbera en sont les créateurs. Ils n'ont trente ans ni l'un, ni l'autre. William est né en 1911 à Melrose (Nouveau-Mexique) et Joseph à New York en 1912.
Tom et Jerry connaissent immédiatement le succès et, pendant 15 ans, la lutte de ce chat et de cette souris espiègle occupera les écrans d'avant l'entr'acte, récoltant au passage sept oscars en récompense. Très agressif et violent au départ, Tom s'est peu à peu adouci, alors que Jerry, sous ses airs angéliques, n'était, en fait, qu'une satanée petite peste.

▼ *Félix le Chat, jouet mécanique en tôle imprimée et découpée, Allemagne, vers 1930. Coll. Musée du Chat.*

▲ *Tom, chat en mousse de latex bleue, montée sur fil de fer. Angleterre, 1969. Coll. La Tortue électrique.*

Proche de Tom, Sylvester, le chat de Chuck Jones, s'oppose lui aussi en permanence à une souris mexicaine, Speedy Gonzales, qui lui joue des tours pendables.

Quelques années après, un nouveau chat fait son apparition, un gros chat zézayant et plutôt benêt, Grosminet, qui semble n'avoir qu'un but dans la vie : croquer Titi, un petit canari plus vif et plus malin que lui.

Voilà ! Pour clore ce petit tour au panthéon des chats de ciné et de bandes dessinées, n'oublions ni «Goutatou et Dorochaux» que Guy Mouminoux a fait vivre, pendant les années soixante, dans *Pilote*, ni «Fritz the Cat», une parodie du fameux Felix que Crumb dessine insolemment, ni Azraël, l'horrible chat noir de l'horrible Gargamel, le sorcier, ennemi juré des Schtroumpfs de Peyo, ni, enfin, Garfield, le gros chat roux, paresseux et gourmand, et qui aime, plus que tout, les lasagnes dont Jim Davis nous conte les aventures depuis les années soixante-dix.

▲ *Jouets mécaniques en tôle imprimée, signés Kellerman, Allemagne, vers 1900 (le chat découpé), Guntherman, Allemagne, 1910 (le chat à la charette), Chein, USA, 1937 (le chat rayé avec la boule), Marx, USA, 1955 (le chat noir et rouge), Marx, «made in Japan», 1955 (le chat passant l'aspirateur), non signé, Japon, années 50 (le chat courant après la souris). Coll. Musée du Chat.*

◀ *Encriers en bois sculpté, vers 1890-1900. En bois fruitier, ce sont des objets de montagne souvent fabriqués l'hiver pour être vendus l'été aux touristes. L'un d'eux porte l'inscription «Mont-Dore». Coll. part.*

LE CHAT SUR LE BUREAU...

«A lui le tap-tap-tap des pattes tambourinantes à plat au travers des plumes et des lettres éparses.» (Colette)

Le chat de bureau est un chat à part. Léger comme une plume, il circule, évitant les embûches et les pièges et, tout en rond, se couche sur des dossiers dont les piles chancelantes incitent à la négligence. Alors les documents, les lettres sans réponse, les factures à payer, impayées, deviennent coussins moelleux pour siestes ronronnantes. Et quand l'homme, ou la femme, est là, assis à son bureau, le chat daigne partager un territoire si encombré que lui-même parfois n'y retrouverait pas ses petits. Hôte privilégié, il épuise alors avec nous les longues heures de travail devant la table de souffrance.

«C'est un petit chat noir, effronté comme un page.
Je le laisse jouer sur ma table, souvent.
Quelquefois il s'assied, sans faire de tapage:
On dirait un joli presse-papier vivant.

Rien de lui, pas un poil de sa toison ne bouge.
Longtemps il reste là, noir sur un feuillet blanc,
A ces matous tirant leur langue de drap rouge,
Qu'on fait pour essuyer les plumes, ressemblant.»

Lui gardant un chien de leur chienne, les objets de bureau lui ont rendu la pareille, se travestissant, parfois, joliment en chats. Encriers et essuie-plumes, les essuie-plumes dont parle Rostand, dans ce charmant poème, cendriers, pyrogènes ou briquets, pendulettes et vide-poches ont alors pris des airs félins pour garnir les bureaux.

Petit vide-poches en porcelaine: un chat se redresse contre un œuf orné de fleurettes polychromes. Manufacture de Rudolstadt, Thüringen, Allemagne. Manufacture fondée en 1854. Coll. Galerie «Au chat dormant».

▲ *Essuie-plume et petit vide-poches en plomb de Nuremberg peint. Coll. Galerie «Au chat dormant».*

◄ *Essuie-plume en plomb de Nuremberg peint. Coll. Robert Capia.*

▼ *Coupe-papier, l'un en corne, agrémenté d'un petit chat à l'affût, l'autre en bois peint marqué «Spa». Début XXe siècle. Coll. Musée du Chat.*

▼ *Couché au creux du croissant de lune, le petit chat se penche au-dessus du cadran. Guettant le mouvement des aiguilles, il avance délicatement la patte dans l'espoir évident de les saisir. Sculptée en creux et relief dans un rectangle de cristal très légèrement nuagé, cette pendulette a été créée par Marie-Claude Lalique en 1988 pour Lalique.*

◄ *Sa hotte sert de vide-poches! Elégant avec son chapeau à plume, ce chat de la fin du siècle dernier est en porcelaine de Saxe. Coll. Musée du Chat.*

▼ *Pendulette en faïence polychrome. Portugal, vers 1900-1910. Coll. Musée du Chat.*

▲ *Cendrier en bronze doré ciselé. Vers 1900. Coll. Robert Capia.*

▲ *Pyrogène en faïence polychrome. Un jeune enfant ouvre un panier tressé avec trois chatons pointant la tête. Vers 1900. Coll. Robert Capia.*

► *Petit canif en métal doré, vers 1900. Coll. Robert Capia.*

▼ *Pyrogène en porcelaine de Saxe. Le chat, devant le panier, boit son lait dans l'écuelle, sous l'œil attentif du chien. Coll. Musée du Chat.*

▲ *Mètre-ruban. La queue du chat manivelle, permet d'enrouler le ruban dans une petite balle de laiton doré que tient ce charmant chat de bronze. Coll. Robert Capia.*

◄ *Etui de boîte d'allumettes orné d'une tête de chat en grès gravé. Provence, vers 1960. Coll. part.*

◀ *Essuie-plume en porcelaine polychrome. Coll. Musée du Chat.*

▼ *Mètre-ruban à enrouleur. Une tête de chat en porcelaine allemande «avale» le ruban gradué d'un côté en centimètres et de l'autre en inches. Coll. part.*

▲ *Pyrogène en faïence décoré de petits chatons jouant. France, vers 1880. Coll. Musée de la Seita.*

▶ *Etui à allumettes en métal nickelé, agrémenté d'un médaillon en cuivre sculpté d'un petit chat, dandy 1900, coiffé d'un canotier et affublé d'un monocle. Les yeux sont en sulfure. Le grattoir est sous la boîte. Coll. part.*

▼ *Tirelires, l'une en métal argenté, l'autre en porcelaine. Des chatons jouent avec de gros sacs dans lesquels on glisse les pièces de monnaie. Vers 1900. Coll. Musée du Chat.*

▲ *Chat-tirelire, d'après les dessins de B. Kliban, graphiste américain. Fabriqué au Japon par Sigma, vers 1980. Coll. Musée du Chat.*

◀ *Briquet en laiton sculpté, vers 1900. Coll. part.*

◀ *Cendrier en faïence noire, rehaussée de rouge. Angleterre, vers 1930. A côté, curieux set de bureau avec range-lettres, emplacement pour le cachet de cire (près de la tête) et pour le porte-plume (à la place de la queue). Coll. Musée du Chat.*

... ET LA BIBLIOTHÈQUE

«Soudain, il apparut à tous les yeux, juché au plus haut de la bibliothèque et nous méprisant de son regard vert». (Colette, *Dialogues de bêtes)*

On connaissait les rats de bibliothèque... Il y a aussi les chats. Ces chats qui passent le plus clair de leur temps, couchés en rond, sur les tranches que recouvre un soupçon de poussière, faisant le gros dos et sautant, d'un pas léger, sur les rayons, évitant les biscuits mais se faisant parfois, ô sacrilège ! les griffes sur une reliure de maroquin.

Ce n'est que justice ! Dans une bibliothèque, le chat est chez lui, puisque les livres sont emplis d'histoires de chats. Impossible de les citer tous, on risquerait d'en oublier. Et que dirait Mme Colette si on l'omettait, et Apollinaire ou Baudelaire qui entretenait une passion pour la gent féline ? Que dirait Léautaud qui partagea sa vie avec une armée de matous, ou du Bellay qui sut si bien vanter les charmes de Belaud ou bien ceux de Menine, ses deux amours ? Que diraient Verlaine, Genevoix ou Balzac qui sut si bien décrire les peines d'une chatte anglaise, ou Kipling ou Navarre dont le chat vient d'écrire ses mémoires ? Et Cocteau qui avait fait inscrire sur le collier de son chat : «Cocteau m'appartient». Que diraient-ils tous, si, par hasard, on risquait d'en oublier un ? Non, mieux vaut n'en citer aucun et les laisser sagement rangés sur les rayons des bibliothèques, foulés par les pattes impalpables de leurs chéris quadrupèdes.

► *Serre-livres en porcelaine, signé «Unis France», «Le Grand Feu Français», vers 1910. Coll. Galerie «Au chat dormant».*

◄ *Serre-livres: en grès de Rambervillers, dans les Vosges, signé A. Cythère. Deux chats escaladent des livres. Vers 1910-1920. Coll. Robert Capia.*

▲ *«Feu! te voici revenu, plus beau que mon souvenir, plus cuisant et plus proche que le soleil! Feu! que tu es splendide! Par pudeur, je cache ma joie de te revoir, je ferme à demi mes yeux où ta lumière amincit la prunelle, et rien ne paraît sur ma figure où est peinte l'image d'une pensée fauve et brune... Mon ronron discret se perd dans ton crépitement. Ne pétille pas trop, ne crache pas d'étincelles sur ma fourrure, sois clément, Feu varié, que je puisse t'adorer sans crainte...» Colette,* Dialogues de bêtes. *Paire de chenets en bronze ornée de deux magnifiques persans. XIXᵉ siècle.*

▲ *Petit interrupteur électrique en buis sculpté. Coll. part.*

► *Ils font le gros dos, prêts à bondir. En attendant, ils serrent les livres. En bronze argenté, signés C. Charles, peut-être Charles Charles, sculpteur au début du XXe siècle, élève d'Injalbert. Coll. Galerie «Au chat dormant».*

► *Serre-livres en faïence craquelée des années 30. Les volumes sont synthétiques. Signé H.D. Coll. Galerie «Au chat dormant».*

▼ *«Une douceur brûlante pénètre ma robe jusqu'aux duvets fins et grêles, soies sous les soies, fils impalpables et sans couleurs qui protègent ma peau délicate. J'enfle comme un nuage. Je dois remplir la chambre. Des tressaillements électriques, précurseurs du sommeil, agitent mes raides moustaches...» Colette,* Dialogues de bêtes.

Lampe-veilleuse en porcelaine translucide. Les oreilles du matou sont percées et laissent passer un rai de lumière plus vive. Signée P.B. Paris, vers 1925. Coll. Art Dépôt-Antiquités. ▶

AU CHAT GOURMAND

Les Hannong, à Strasbourg, s'étaient fait une spécialité des faïences en trompe l'œil. En forme de dindon, de chou ou de hure de sanglier, les terrines trônaient fièrement sur les dressoirs.

Canards, lapins et même chèvres, toute la ménagerie domestique débarqua sur la table. Le chat, qui avait mauvaise réputation, semblait exclu.

C'était au XVIIIe siècle.

Au XIXe, tout change. On découvre le chat et ses chattemines, on l'aime, il ne fait plus peur. Avec la fin du siècle, il entre même dans les appartements, se fait adopter et, bien vite, grimpe sur la table. Au propre comme au figuré. Salières et poivrières, moutardiers et confituriers, pots à lait ou à café prennent bientôt des allures de félins.

C'est le siècle du bibelot. C'est aussi le siècle du tourisme naissant. Bibelots et tourisme font alors bon ménage et les voyageurs émérites rapportent de leur passage à Trouville, Biarritz ou Chamonix quelques minets de porcelaine sortant la tête d'un panier. C'est une salière, ma foi, mais c'est plus qu'une salière, c'est un souvenir!

Tous ces chatons joueurs orneront désormais les tables, l'injustice passée aura été réparée.

◀ *Vide-poches ou sucrier en porcelaine de Saxe, manufacture de Scheibe-Alsbach, vers 1920. Coll. Musée du Chat.*

▼ *Petit sujet de porcelaine marqué «Kaffeeklatsch». Le café, en Allemagne, se boit, en mangeant quelques gâteaux, assez longtemps après le repas. C'est l'occasion pour les femmes de se réunir et de bavarder, voire de commérer. C'est ce moment que l'on désigne sous l'appellation «Kaffeeklatsch». Coll. Musée du Chat.*

▲ *Série de menus sujets de porcelaine, dont une salière et un ensemble sel, poivre, moutarde, en porcelaine vert olive. France, vers 1900. Coll. «Les Trois Cocardes».*

► *Ensemble de salières, moutardiers et pique-olives en porcelaine, 1900-1930. Coll. Musée du Chat.*

▲ *Moutardier en faïence de Sainceny, milieu XIXe. Coll. Robert Capia.*

► *Verseuse à café en faïence allemande des années 50. Un objet type que l'on offrait pour les petits déjeuners des enfants. Coll. «Au chat dormant».*

▲ *Petits pichets à lait en porcelaine de Delft dont l'anse est en forme de chat. Coll. Musée du Chat.*

► *Bonbonnière en verre en forme de chat; le couvercle, en fer blanc, sert de socle. Dans l'esprit des verreries de Clichy. Vers 1900. Coll. Musée du Chat.*

► *Pot à eau en barbotine, sans marque. Le chat lève la patte. Coll. «Les Trois Cocardes».*

▼ *Pot à eau en terre vernissée. Suisse, XIXe siècle. Coll. Musée du Chat.*

▼ *Pot à tisane ou à café en terre vernissée décorée de fleurs. Poterie de Thun, Suisse, milieu XIXe. Coll. Musée du Chat.*

▲ *Chats distributeurs de bretzels. Le corps est en faïence noire, la queue, amovible, est en bois. On trouvait de tels chats sur les tables de bistrots. Coll. Musée du Chat.*

◀ *Chats en porcelaine, dont l'un, le chat noir, sert de bonbonnière, le dos formant couvercle. Coll. Luce Bret.*

▲ *Chat «Maître d'hôtel», sculpture en bronze de Diego Giacometti. Frère du sculpteur Alberto Giacometti qu'il a secondé toute sa vie, Diego a également produit des objets sculptés, objets mobiliers le plus souvent. France, années 50. Photo Philippe Sebert.*

LE CHAT DANS TOUS SES ÉTATS

Une boule de Noël,
Une canne, une ombrelle,
une boîte à couture où trois chatons gambadent,
une carte à jouer,
plus un porte-perruque,
un vieux soulier défait
et des boutons dorés...
Il ne manque qu'un raton laveur !

▲ *Coupe en pâte de verre signée sur la ceinture du pied A. Walter Nancy. Les deux anses sont en forme de chat, à droite, et de chien, à gauche. Coll. Impulsion B.*

▼ *Chats en cristal de Baccarat, modèles des années 50 à aujourd'hui. Coll. part.*

▲ *Chat assis et chat couché, création René Lalique, 1932. Coll. Lalique.*

▲ *Chat et chaton en métal argenté perforé, création Christofle, «Les Lumières d'Argent», 1987.*

► *Chats en cristal de roche et obsidienne mouchetée, création contemporaine de Fabergé, Paris. Coll. part.*

▲ *Chats en résine naturelle peinte, création de l'Atelier 12, Paris.*

► *Un petit chat orne le pommeau d'argent de la canne, un autre, d'ivoire, est sculpté sur le pommeau du manche d'ombrelle ou de parapluie. Coll. Lydia Bical.*

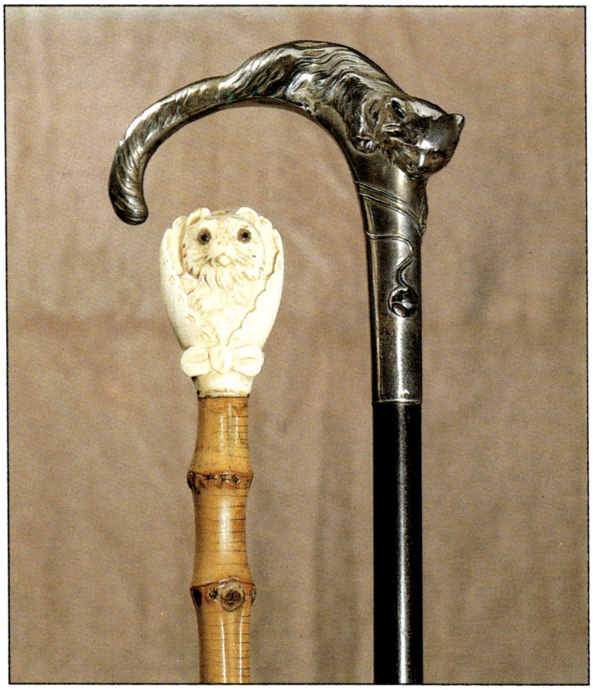

▲ *Boîte à biscuits ou boîte à ouvrage en tôle imprimée. Couvercle et côtés décorés de chatons jouant chromolithographiés. Vers 1900. Coll. part.*

◀ *Boule porte-perruque en verre églomisé décoré de chromos. Vers 1890-1900. Coll. La Chasse Royale.*

► *Carte du Jeu de l'alphabet musical édité par M. Bobœuf, Paris, 1840. Coll. Musée de la carte à jouer, Issy-les-Moulineaux.*

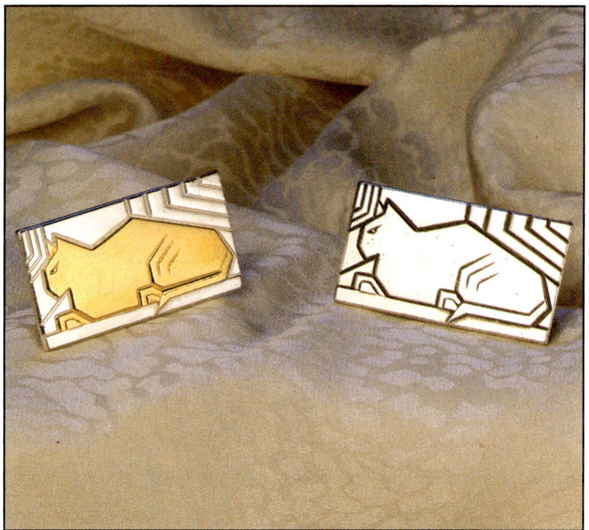

▲ *Broches en argent 1900. Coll. Bernard Chauvet.*

▲ *Broches Art Déco en métal argenté avec deux motifs identiques, très géométriques, l'un doré, l'autre non. Coll. Bernard Chauvet.*

► *Boule de Noël, verre peint. Coll. part.*

▲ *Chat à l'assaut d'une vieille chaussure d'où une souris s'échappe par le bout. Petit «sujet» en terre cuite, époque Napoléon III. Coll. part.*

▲ *Assis, l'air pensif, ce petit chat de bronze est signé Barye, vers 1850. Coll. «Air de chasse».*

DES CHATS DE BRONZE

«En pleine tourmente romantique, une sculpture convulsée, félin contre crocodile, scandalise les officiels, mais enthousiasme le public. La bataille d'*Hernani* a éclaté l'année précédente, le 21 février 1830, au Théâtre-Français. Les Trois Glorieuses viennent de rejeter définitivement les Bourbons. C'est le moment qu'un jeune sculpteur inconnu, Antoine-Louis Barye, choisit pour exposer au Salon de 1831 un groupe qui, à son tour, révolutionne tout un pan de l'art français. Son «Tigre dévorant un gavial» inaugure l'ère des bronzes animaliers appelés à un superbe épanouissement esthétique et industriel pendant un siècle.» Ainsi débute la récente étude *Le Bronze et l'Animal* qu'Edith Mannoni consacre aux bronzes animaliers. Le XIXe siècle, et particulièrement le XIXe siècle français, apparaît un peu comme l'âge d'or de ces petits bronzes. Grande consommatrice de statuettes, petites sculptures et bibelots en tous genres, la bourgeoisie triomphante du siècle dernier est

ANTOINE-LOUIS BARYE, sculpteur, fut peut-être un artiste incompris et, si le public le plébiscita, il n'eut pas les honneurs qu'il méritait. Fils d'orfèvre d'origine lyonnaise, Barye naît à Paris en 1795. Tout jeune encore, il travaille avec son père, puis devient apprenti, à treize ans, chez un graveur d'équipement militaire. Il prend ainsi contact avec les travaux du métal. Jeune homme, il entre dans l'atelier du sculpteur Bosio, plutôt académique, et reçoit les conseils du peintre Gros. De longs séjours au Jardin des plantes le familiarisent avec les animaux; il commence une carrière de sculpteur animalier. Ses participations aux salons officiels montrent à son égard une incompréhension des officiels de l'art qui jugent mineure la sculpture animalière, le traitant de «sculpteur de presse-papiers». Aimé du public, il ouvre néanmoins une fonderie où il édite les innombrables petites statuettes en bronze dont on est friand à l'époque. La fin de sa vie (il meurt en 1875) est plus clémente et quelques récompenses viennent enfin couronner son œuvre, consacrant, par ricochet, la sculpture animalière dans son ensemble qui connaît alors une brillante destinée.

▼ *Deux chats de bronze, l'un assis, signé Thomas Cartier, sculpteur animalier, né à Marseille en 1879, médaille d'or des Artistes Français en 1927; l'autre, à l'affût, de M. Thomas Loye. Coll. Lesieutre.*

▼ *Majestueusement assis, pensif et noble, sobrement dessiné en grands pans coupés, ce petit chat de bronze des années 30-40, est signé René-Irénée Rochard (1906-1984), sculpteur animalier. Coll. part.*

avide de culture et de «beau». La civilisation industrielle naissante se fait donc un point d'honneur de la satisfaire et, voulant mettre l'art et le luxe (ou le semblant du luxe) à la portée de tous, lance sur le marché un nombre inouï d'objets sculptés dans les matières les plus diverses où l'esprit d'imitation n'est d'ailleurs pas toujours absent.

Nés d'une production de bonne qualité, les bronzes s'y taillent de beaux succès. En effet, des artistes émérites fournissent des ateliers spécialisés où des ouvriers hautement qualifiés, mouleurs, ciseleurs, fondeurs, patineurs, coulent en bronze des modèles initialement sculptés en glaise, plâtre ou tout autre matériau. Deux techniques principales y sont utilisées, la fonte au sable et la fonte à la cire perdue, qui, l'une et l'autre, donnent d'excellents résultats.

Désirant satisfaire une clientèle étendue, ces bronzes sont tirés à un nombre élevé d'exemplaires, la rareté en matière d'art n'ayant pas, à l'époque, le même impact qu'aujourd'hui.

L'animal, dans toutes les poses, est un sujet de choix. La nature en effet, tout au long du siècle, revient en faveur et les artistes aiment, à nouveau, saisir la vie sur le motif.

La gigantesque *Histoire Naturelle* publiée par Buffon entre 1749 et 1788 et où, entre parenthèses, il n'est guère tendre avec nos amis les chats, cette *Histoire Naturelle* donc, attire considérablement l'attention et aboutit à la création, à Paris, d'un Muséum d'Histoire Naturelle le 10 juin 1793. Etienne Geoffroy Saint-Hilaire, premier professeur de zoologie au Muséum, est chargé de s'occuper, l'année suivante, de la ménagerie rescapée de Versailles. Le «Jardin des plantes» avec son zoo est né.

◄ *Bouchon de radiateur en bronze signé F. Bregeon. Coll. part.*

► *Le petit chat assis, un bronze de E. Frémiet, assez courant. Coll. «Air de chasse».*

Les artistes romantiques, un quart de siècle après, fréquentent assidûment ce jardin, observant les animaux évoluer. L'art animalier renaît.
Parmi tous ces animaux décrits, le chat a eu sa place. Une place sans doute pas tout à fait aussi grande que l'on pouvait s'y attendre, le goût de l'exotisme étant en effet vif, mais une place non négligeable tout de même.
Quelques sculpteurs en firent donc des portraits agréables, fixant dans le bronze les attitudes de ces animaux familiers, décrivant des matous tour à tour triomphants ou câlins, agressifs ou détendus, alanguis ou bondissants.
Après un temps restreint de défaveur, tous ces petits bronzes ont connu un regain d'intérêt et font désormais, à nouveau, la joie des collectionneurs.

▲ *Bouchon de radiateur en bronze argenté. Le chat, sur la défensive, est prêt à l'attaque! Signé Charles Paillet, sculpteur animalier né à Moulins-Engilbert en 1871. Médaille d'or au Salon des Artistes Français en 1922, mort en 1937. Coll. Luce Bret.*

▲ *La chatte allaitant ses petits, grave, calme et sereine. Un bronze de E. Frémiet. Coll. Galerie «Au chat dormant».*

EMMANUEL FRÉMIET, c'est la statue de Jeanne d'Arc, place des Pyramides à Paris; une sculpture un peu «convenue». C'est aussi les «Pégases» du pont Alexandre-III et «L'Eléphant pris au piège» de l'Esplanade du Musée d'Orsay. Né à Paris en 1824, neveu de Rude, il en fut aussi l'élève. Sculpteur animalier, il a produit de très nombreuses statuettes destinées à être coulées en bronze. Les plus brillantes récompenses lui furent décernées et en 1892, il devient membre de l'Institut. Il meurt à Paris en 1910.

▲ *«Chat égorgeant un poulet», scène dramatiquement sculptée par E. Frémiet. Fonte en bronze de l'atelier de l'artiste. Coll. Miguet Frères.*

◄ *Chat couché, bronze de Steilen, fonte à la cire perdue. Coll. part.*

THÉOPHILE-ALEXANDRE STEINLEN, né à Lausanne en 1859, débarque à Paris à l'âge de dix-neuf ans et, se fixant à Montmartre, collabore assez rapidement à de nombreuses revues humoristiques: «Gil-Blas», «Le Rire», «Chambard», «L'Assiette au beurre»... Steinlen aime les chats et ce n'est peut-être pas un hasard s'il fréquente assidûment le Chat Noir, un cabaret montmartrois. Dessinant, gravant et sculptant, Steinlen consacre plusieurs ouvrages à ses amis à quatre pattes et il illustre, entre autres, Les Contes du Chat Noir *de Rodolphe Salis. Il a également réalisé quelques bronzes. Ami des déshérités, de tous les errants des villes, Steinlen a peint les chats des rues, croquant sur le vif ces matous de gouttières, tels des aventuriers des zones citadines. Il est mort à Paris en 1923.*

◄ *Deux chats couchés se tournant le dos, bronze de Steinlen. Coll. part.*

▲ *Tourne manège! Une production de Karl Kauba. Coll. Galerie «Au chat dormant».*

LES CHATS DE VIENNE

La légende veut que les fameux bronzes de Vienne, bronzes polychromes, aient été «inventés» pour le jeune prince François-Joseph alors enfant. A ne pas confondre avec des jouets, ces petites figurines avaient une destination plus didactique que ludique. Les bronziers de Vienne, habiles, lui fournirent donc des petites sculptures d'animaux pour que le prince enfant puisse reconstituer une ferme, une chasse à courre ou diverses scènes de la vie courante, ainsi que des sujets plus folkloriques lui permettant de mettre en scène contes et légendes.

Qu'en est-il réellement? Apparemment les premiers bronzes apparaissent effectivement vers 1840 (François-Joseph avait alors 10 ans). Ce sont des bronzes de petites dimensions aux couleurs vives, que de jeunes adolescents peignent. Deux procédés sont le plus généralement employés pour obtenir ces patines colorées: soit la peinture à l'huile, soit des solutions d'acides faisant réagir le métal.

Le succès incitant vraisemblablement les bronziers à se spécialiser dans la fabrication de ces petits sujets, plusieurs maisons se créent durant la deuxième moitié du XIXe siècle.

Dès 1850, Mathias Bermann fonde son entreprise. Il y produit des garnitures de pipes et ces fameux petits animaux charmants. En 1873, il reçoit un diplôme d'honneur à l'Exposition Universelle de Vienne. Son fils Franz prend ensuite la succession, puis son petit-fils Fritz et son épouse Herta. Un bombardement ravage les ateliers pendant la Seconde Guerre mondiale, mais les modèles peuvent néanmoins être sauvés. Dès la fin des hostilités, Fritz Bermann remonte l'affaire à laquelle il donne son nom et qui fonctionne toujours aujourd'hui sous la

▲ *L'orchestre, un modèle classique de Karl Kauba. Coll. Galerie «Au chat dormant».*

direction de sa fille, Helga Bohatschek-Bermann. Ainsi, la firme Bermann n'a cessé de produire, selon la même tradition, pendant quatre générations.

Né en 1838, Franz Bergman crée en 1885 un atelier de bronze. Très vite son fils Franz-Xavier, né en 1861, s'y associe et fabrique lui aussi des bronzes de qualité qu'il signe parfois, utilisant le verlan avant l'heure (!) : «Nam-Greb». La firme ne résiste pas à la crise de 1929 et ferme ses portes en 1930. Robert, le fils de Franz-Xavier, tente de réouvrir et produit jusqu'à sa mort en 1954.

Troisième larron de la trilogie des fabricants de bronzes, Karl Kauba (1865-1922) est certainement le plus curieux. Artiste, il fréquente les Beaux-Arts et s'y lie d'amitié avec Gustave Klimt,

▲ *Papa lit le journal, maman corrige fiston! Coll. Galerie «Au chat dormant».*

l'un des plus fameux peintres autrichiens de la fin du XIXe siècle. Dans les dernières années du siècle, il fonde lui aussi un atelier de bronze et se fait remarquer par d'étonnants personnages de western pour lesquels, sans être jamais allé aux USA, il entretient une passion. Sa production ne se limite pas à ces seuls «Buffalo Bill» et il s'illustre lui aussi dans la création de jolies figurines animales. Car les animaux, souvent croqués dans des activités humaines, restent un thème favori des bronzes viennois. Et, parmi ces animaux, les chats ont une place particulièrement importante. Chats musiciens, chats acrobates, chats barbiers ou pêcheurs à la ligne, toutes ces scènes sont charmantes, évoquant à la fois les cartes postales de la Belle Epoque et les dessins de Beatrix Potter.

◄ *Existe-t-il un 14 juillet à Vienne, Autriche? Coll. Galerie «Au chat dormant».*

◄ *La mère et ses petits, une pièce assez rare. Coll. part.*

▲ *L'air pensif, un rien mélancolique. C'est une production des bronzes Bermann, vers 1910. Coll. part.*

▲ *Quels équilibristes! Coll. part.*

► *A la pêche sur une coquille de noix. Coll. «Le Coin rêvé».*

◀ *Des souris intrépides sur le dos d'un chat conciliant. Coll. «Le Coin rêvé».*

▲ *La java des chats. Coll. «Air de chasse».*

◀ *«Un soir, t'en souvient-il? nous voguions en silence...» Un modèle vraiment peu fréquent, et si charmant. Coll. part.*

◀ *A vot' bon cœur! La tête du chat est montée sur ressort. Coll. Robert Capia.*

◀ *Scènes de la vie courante. Coll. Robert Capia.*

▼ *«Sur une table de toilette*
Le chat aperçut un miroir,
Il y saute, regarde, et d'abord pense voir
Un de ses frères qui le guette.
Notre chat veut le joindre; il se trouve arrêté;
Surpris, il juge alors la glace transparente,
Et passe de l'autre côté...»
Florian, «Le Chat et le Miroir» (1792). Coll. Robert Capia.

DES CHATS DE FAÏENCE ET DE PORCELAINE

◄ *Chat repose-tête, en céramique, Chine, XIXe siècle. Longueur: 32 cm, hauteur: 14 cm. Coll. Musée du Chat.*

► *«On dirait que je dors parce que mes yeux s'effilent jusqu'à sembler le prolongement du trait velouté, coup de crayon hardi, maquillage oriental et bizarre, qui unit mes paupières à mes oreilles. Je veille pourtant.» Colette,* Dialogues de bêtes. *Rare chat en porcelaine tendre de Chantilly, inspiré de l'Extrême-Orient. XVIIIe siècle.*

La faïence est née il y a bien longtemps, en Perse, au VIIIe siècle. Elle met plusieurs siècles à parvenir jusqu'en Europe où elle s'épanouit néanmoins dès la Renaissance.

Mais c'est au XVIIIe siècle qu'elle prend, en France, son véritable essor, en particulier parce que Louis XIV, couvert de dettes, sacrifie sa vaisselle d'argent et la remplace par des services en faïence.

Les manufactures se multiplient alors, essaimant un peu partout en province.

La porcelaine est plus récente encore. Originaire de Chine, elle a fait longtemps l'admiration des Européens bien incapables de la produire. Au début du XVIIIe siècle, un alchimiste en découvre néanmoins le secret. Cela se passe à Meissen, la porcelaine de Saxe est née. En France, à la même époque, les recherches se poursuivent sans relâche et l'on met au point des pâtes qui ont presque la blancheur de la porcelaine mais n'en ont pas la dureté: ce sont les porcelaines tendres. Il faut

▶ *«Par un chemin vertical connu d'elle, marqué sur la brocatelle élimée, la chatte venait d'atteindre presque le plafond. Un instant, elle imita le lézard gris, plaquée contre la muraille et les pattes écartées, puis elle feignit le vertige et risqua un petit appel maniéré.» Colette,* La Chatte.
Vase mural en faïence de Sainceny, XIXe siècle. Coll. «Boutique 22-23, Village Suisse».

attendre la découverte du kaolin, à la fin du XVIIIe siècle pour que l'on fabrique, à Limoges, des porcelaines dures françaises. Et le chat dans tout cela ? Chats de faïence et de porcelaine, ils ont été tributaires des inventions.

Meissen, spécialisé dans la production des petites figurines, ne produit, c'est étonnant, pourtant guère de chats. Çà et là on en voit un, accompagnant une belle marquise. Mais les chats, c'est vrai, n'ont pas l'heur de plaire en ce siècle pourtant dit éclairé.

En France, quelques chats chevauchent les couvercles des tabatières. La mode est si grande en effet de toutes ces petites boîtes, à mouches, à priser, à bonbons... elles sont si variées et le nombre en est si grand qu'un chat avait toutes les chances d'y figurer. Saint-Cloud, Mennecy, Chantilly en produisent.

Il faut attendre le XIXe siècle qui, redécouvrant la grâce du chat, de la chatte et de ses chatons, les multiplie au royaume des bibelots. Alors, dès la première moitié du siècle, c'est une avalanche de chats. Des chats de toutes les espèces et sous toutes les formes. Des chats couchés ou faisant le gros dos, des chats marchant, jouant, les pattes en l'air, luttant, l'air féroce. Des chats sagement assis, l'air dédaigneux ou tendre, c'est selon.

Le succès ne se dément pas au XXe siècle, les manufactures les plus prestigieuses produisent alors des bibelots charmants, parfois signés de sculpteurs en renom ; certaines s'en font même une quasi-spécialité. Tous ces chats font aujourd'hui les délices des collectionneurs !

▼ *Tabatières en forme de chat couché, porcelaine tendre de Saint-Cloud, XVIIIe siècle.* ▶

▲ *L'un avance, l'autre est sur la défensive. Deux chats en faïence de Thüringen, Allemagne. Le chat de droite date de 1890, l'autre, de 1930. Coll. Musée du Chat.*

▶ *Paire de cache-pot en faïence noire, Angleterre, milieu du XIX*e *siècle. Coll. Musée du Chat.*

▲ *Deux chatons du même modèle: l'un, plus grand, sert de vase, l'autre de pelote à épingles à chapeaux. Porcelaine, France, fin XIXe. Coll. «Les Trois Cocardes».*

◄ *Chats jouant sur un panier, petit vide-poches en porcelaine, fin XIXe. Coll. Musée du Chat.*

▲ *Divers bibelots en forme de chat, tels qu'on les aimait à la fin du siècle dernier. Coll. Robert Capia.*

▲ *Paire de petits vases, France, quatrième quart du XIXe siècle. Coll. Musée du Chat.*

► *Chat sortant d'un chapeau, orné d'un nœud et de fleurettes. Faïence anglaise, manufacture de Thomas Minton, 1867. Coll. Galerie «Au chat dormant».*

▲ *Deux chatons du même modèle: l'un, plus grand, sert de vase, l'autre de pelote à épingles à chapeaux. Porcelaine, France, fin XIXe. Coll. «Les Trois Cocardes».*

◀ *Chats jouant sur un panier, petit vide-poches en porcelaine, fin XIXe. Coll. Musée du Chat.*

▲ *Divers bibelots en forme de chat, tels qu'on les aimait à la fin du siècle dernier. Coll. Robert Capia.*

▲ *Paire de petits vases, France, quatrième quart du XIXe siècle. Coll. Musée du Chat.*

► *Chat sortant d'un chapeau, orné d'un nœud et de fleurettes. Faïence anglaise, manufacture de Thomas Minton, 1867. Coll. Galerie «Au chat dormant».*

▲ *Série de petites boîtes en porcelaine de la fin du XIXe siècle. Coll. Robert Capia.*

◄ *Deux chatons sortant d'une corbeille. Cache-pot en porcelaine de Paris polychrome, deuxième moitié du XIXe siècle. Coll. Haye.*

LES CHATS DE GALLÉ. *Oui, oui, il s'agit bien de Gallé (1848-1904), célèbre pour ses pâtes de verre et créateur de chats et chiens de faïence. Son père, Charles, avait effectivement acheté, en 1860, la faïencerie de Saint-Clément, célèbre au XVIII*[e] *siècle, mais plus ou moins tombée en décrépitude alors. C'est là que Gengoult Prouvé, le père de Victor, se consacrait à la céramique. C'est là également que le jeune Emile s'initia à son art.*
Après la guerre de 70, Charles Gallé transféra la faïencerie à Nancy. Emile y créa ses fameux chats aux yeux de verre, et aux décors de cœurs ou de fleurettes assez insolites.

► *Chat en faïence de Gallé, à décor bleu sur fond blanc. Coll. Musée du Chat.*

► *Chats de tailles différentes, mais de facture proche de ceux de Gallé et qui sont vraisemblablement des exemples d'une production plus industrielle de ce créateur. Coll. Musée du Chat.*

▲ *Chat de porcelaine, signé Gallé. Le fond jaune est assez fréquent dans la production de Gallé. Le décor pontiforme agrémenté de fleurettes sur le plastron est plus rare. Coll. Lesieutre.*

▲ *Grand chat en porcelaine de Sèvres, signé E.M. Sandoz (1881-1971). Premier quart du XXe siècle. Coll. Galerie «Au chat dormant».*

▲ *Les chats jouent: sculpture en porcelaine, manufacture Dux, en Bohême, fin XIXe. Coll. Galerie «Au chat dormant».*

► *Chats noirs et dorés en porcelaine de Paris, créés par la manufacture Samson. Premier quart du XXe siècle. Coll. Musée du Chat.*

▲ *Petits chatons en porcelaine de la Manufacture Royale de Copenhague. Le petit chaton les pattes en l'air, de A. Pedersen, a été créé en 1906. Les deux autres chats, de Erick Nielsen, datent de 1901 et 1902. Les trois chats sont encore fabriqués. Coll. Royal Copenhagen.*

▶ *Petits chatons en porcelaine de la Manufacture Bing et Grondahl, Danemark, créés en 1984 par Merethe Agergaard. Coll. Royal Copenhagen.*

▲ *Dessus de cheminée en faïence craquelée, France, années 30. Coll. Galerie «Au chat dormant».*

► *Chats en porcelaine, Rosenthal, Allemagne. Le chat assis est signé W. Zügel (1932), les deux autres datent de 1957 et sont signés J. Karner. Coll. Musée du Chat.*

▼ *Chats soliflores, céramique, années 50. Coll. Aux Comptoirs du chineur.*

▲ Jeunes chatons de céramique blanche à l'assaut du toit d'une gloriette, au Musée du Chat.

LA CHATTE SUR UN TOIT BRÛLANT

Le toit est l'orgueil de la maison. Tuiles faîtières, épis de faîtage, chefs-d'œuvre des potiers d'autrefois, sont encore là pour nous prouver le soin que l'on mettait à parachever l'ouvrage. Ce plus ajouté au sommet de la maison en faisait toute l'élégance, toute la grandeur. Un rien d'ostentation n'était pas à négliger pour bien prouver l'aisance de la famille.
Terrain de prédilection des chats de gouttières, le toit a reçu d'autres ornements et, à la fin du siècle dernier, s'est instaurée la mode des sujets décoratifs pour les toits. Colombes ou lapins de céramique se retrouvèrent ainsi juchés au sommet de la maison. Mais, de tous ces sujets, les chats furent, on s'en doute, les plus prisés, parce que les plus variés. Chat acrobate, chat pensif, chat grimpant à la verticale, ou presque, chat tapi, tous les chats ont été bons pour donner aux toits de chez nous un peu de poésie, un brin de charme et un tantinet d'humour.

▼ *Chats de toit en céramique blanche rehaussée de couleurs, yeux de sulfure. L'un d'eux est estampillé Bavent, Made in France. Coll. «Les Trois Cocardes».*

▲ *Chats de toit en céramique noire, yeux de sulfure, l'un est signé J. Fermont, Caen. Coll. «Les Trois Cocardes».*

TABLE DES MATIÈRES

I.S.B.N. : 2-7072-0138-3.

Les photos sont, sauf mention spéciale, de Philippe Dupuis, Philippe Louzon, Patrick Smith et Jean Verdier.

Merci à tous ceux qui, collectionneurs et antiquaires, m'ont permis de photographier leurs trésors. Merci en particulier Madame Rosemarie Muller qui à Riehn, près de Bâle, m'a ouvert tout grand son merveilleux «Musée du Chat». Katzen Museum, Baselstrasse 101 CH. 4125 Riehn. Merci également à Madame Orbec qui m'a accueilli avec une grande gentillesse et une infinie patience. Merci enfin, à Messieurs Miguet pour les renseignements précieux qu'ils m'ont donnés sur les bronzes de Vienne.

Aubin Imprimeur, Ligugé, Poitiers. — Impr. P 28850. — Reliure par la SIRC à Marigny-le-Châtel